Alain *BOBILLIER*

A TRAVERS
QUELQUES MOMENTS ......

1

Alain BOBILLIER

A travers quelques moments.....

A tous ceux et celles qui,

avec fidélité et indulgence,

ont lu et aimé ces textes

Photos et illustrations : Denise & Alain

Edition: BoD - Books on Demand
12/14 rond-point des Champs Elysées, 75008 Paris
Imprimé par Books on Demand GmbH, Norderstedt, Allemagne
ISBN : 9782322033836
Dépôt légal: juillet 2015

Déjà parus :

- 46 MOMENTS INTERMITTENTS (lib. Schraag, 1996) *Epuisé*
- PUIS…D'AUTRES MOMENTS S'ECOULERENT… (A l'écoute des Poètes, 1999) *Epuisé*
- ET SI L'ON PASSAIT QUELQUES MOMENTS ENSEMBLE (A l'écoute des Poètes, 2004) *Epuisé*

Chemin à flan de colline
Chemin muletier
Apre et raide
Il a des faux-plats redoutables
Qui vous cassent les jambes
Au sortir d'une courbe
Sur la gauche
Une croix tient encore debout
Ex-voto in memoriam
La date est à peine lisible
Chemin à flan de colline
Chemin muletier
Reliant les vallées
Avant le pont le tunnel
La route des hommes
A chaque pas des senteurs
Se mélangent
A chaque pas des bruits
Animent les fourrés
Loin du bruit des moteurs
Chemin à flan de colline
Chemin muletier
Je mets mes pas dans les pas
Des pèlerins pour Compostelle
Je mets mes pas dans les pas
Des contrebandiers
Je mets mes pas dans les pas
Des maquisards
Je mets mes pas dans les pas
De tous les bergers

Chemin à flan de colline
Chemin muletier
Où je vais droit devant
Le regard l'oreille
Et tous les sens aux aguets
Ta main dans ma main
Pour tout oublier
Le velouté d'une arbouse
Et de tes baisers
Sur mes lèvres

Saint-Guilhem-le-Désert, Toussaint 2001

Loin
Trop loin
Tu étais loin
Trop loin

J'ai pris mon havresac
Mes pioches
Des pelles
Chargé des solives
Des étrésillons
Quelques bouchardes
Des laies
Une massette
Un rustique
Un casque et une lampe frontale

J'ai couru
Au-delà des mers
Jusqu'en Colombie
Au-delà des terres
Jusque dans le Transvaal

De sa gangue
De quartz et de pyrite
L'émeraude
A jailli
Dans sa gangue
De Kimberlite
Le diamant
A brillé

Chercheur d'or
De pierres précieuses
Mais
Chercheur d'un cœur
Plus précieux
Plus rare encore

Qui ne serait jamais plus
Loin
Trop loin

Mai 2004

Au Casino de Divonne les Bains
Un soir d'ivresse et de désespérance
Contre cinquante euros quelques jetons
M'ont fait croire en l'avenir formidable
Quand le manchot inhumain m'a souri
Les jetons multipliés ont nourri
Six machines à l'appétit féroce
Et je me suis retrouvé dans la rue
Quand le manchot inhumain m'a tout pris

Sang arraché à tous les prolétaires
Sans attendre l'amen de leur credo
San Francisco aux faux airs de panthère
S'en va-t-en guerre Brigitte Bardot
Cent mille euros et je pourrai me taire

Hou le vilain pendu à la patère
Houx chargé de protéger les cadeaux
Houe préparant les tout nouveaux parterres
Où les hortensias seront le rideau
Ou bien je serai forcé de me taire

Aux quatre coins de mon quadrilatère
O volonté suprême du radeau
Haut les cœurs de l'amour héréditaire
Aulx assaisonnant les plats du Prado
Eau vive qui me contraint à me taire

Sous le rotor noir de l'hélicoptère
Soul d'avoir déplumé tous les dodos
Soue aux relents les plus élémentaires
Sou-chong aux subtiles effluves d'eau
Sou à sou l'on m'a payé pour me taire

Tan émietté au lit du grabataire
Taon ne piquera plus la peau du dos
Temps passé ne pèsera plus sur terre
Tant qu'il y aura des eldorados
T'en fais pas mon ami je vais me taire

Saints dévoués à tous les réfractaires
Sein cajolé dans mille et un rondeaux
Sain de corps et d'esprit testamentaire
Seing voulu reconnu par le bedeau
Cinq cent mille euros et je vais me taire

Octobre 2004

Libre
Enfin seul
Aller venir
Crier chanter
Ne rien dire
Regarder
Ecouter
Sans mot
Extasié
Libre
En pensée
En action
En solitude
Libre
Asservi
Entravé
Obligé
Libre

Dans le regard
Dans les gestes
Dans les pas
Dans SA tête
Indépendant
Heureux
Malheureux
Dépendant
Mais surtout
Libre
Libre
Inébranlable
Indéfectible
Irréfléchi
Inexorable
Insondable
Indéfendable

Septembre 2005

14

Enquête en Joaillerie

A Rotterdam Jacobus dans son atelier
L'esprit tendu à la taille d'une émeraude
N'avait pas entendu entrer l'homme en maraude
L'ignoble Jan et voleur et fou à lier

Frida l'accorte soubrette l'esprit ailleurs
Amoureuse avait laissé la porte entr'ouverte
Et Jacobus absorbé par la pierre verte
Démontrait à nouveau ses talents de tailleur

Jan s'approcha D'un grand coup de gourdin
Estourbit l'un des joailliers les plus habiles
Laissant sur l'étau des traces indélébiles
Puis s'éclipsa paisiblement par le jardin

L'inspecteur n'eut aucune peine à dénicher
Des éléments matériels mieux des indices
A chiffrer d'un coup d'œil précis le préjudice
A consoler Frida qui venait pleurnicher

Jan dans son coin jaugeait les cailloux dérobés
Et l'or et l'argent toutes les pierres précieuses
A vendre pour une retraite délicieuse
Nabab cajolé par les geishas à Kobe

Et Jacobus enfin le crâne bourdonnant
Revenait au monde de la joaillerie
En s'imaginant la cible des railleries
De ses pairs nantis prospères et bedonnants

Jan fut pris en voulant vendre le tracassin
A des receleurs sournois et patibulaires
Qui ne lui offraient du bout de leurs oculaires
Qu'un vil prix indigne du risque et du larcin

A Rotterdam donc Jacobus récupéra
Tous ses joyaux tout son or et toutes ses pierres
Son talent tout son art et sa démarche altière
Frida courut serrer l'inspecteur dans ses bras

Dans la joaillerie Jacobus est à part
Génial inventif et de renommée mondiale
Le regard droit et la poignée de main cordiale
Toujours prêt en tout temps pour un nouveau départ

Une feuille tremble
Chaque instant un peu plus
Sous le souffle du vent
Elle se balance ainsi
Au bout de la branche

Le parc est désert

Le soir de l'automne
Précoce humide et frais
A fait fuir enfants
Ballons chiens et lecteurs
Emmitouflés
Déjà les lampadaires
S'envoient des messages
Codés

Une ombre est passée
Dans l'allée du parc

C'est celle de Gilles
De Rais à la recherche
De chair tendre
Pour agrémenter
Son maréchalat
Il a quarante deux ans
Depuis son exécution
Depuis tous ces siècles

Mais la faim le
Tenaille et le force
A hanter les parcs

Où jouent les enfants

Si je ne peux plus à l'avenir gravir les sommets
Que l'on m'abandonne au moins à ce moment les collines
Si je ne peux plus dire aux femmes que je les aimais
Qu'au moins l'on me laisse encor jouer de la mandoline

Si toutefois mes pas deviennent moins assurés
Que l'on m'équipe au plus vite de superbes cannes
Et s'il me faut dans chaque propos tout mesurer
Qu'ils me mettent en joue au bout de leurs sarbacanes

Oh bien sûr la camarde viendra chatouiller
Un beau jour de toutes ses odeurs mes papilles
Lors il ne me sera plus permis de touiller
Ma soupe au cœur d'un doux refuge des Alpilles

Je viendrai face à face la saluer
Profondément sans peur plein de déférence
Mon corps alors ne pourra plus polluer
L'atmosphère dans la grande indifférence

C'est ainsi que je prends chaque jour les
Trois cachets ronds blancs de Kétoprofène
Mais l'amertume est dure à avaler
A trop vouloir pêcher la coryphène

Oméprazole pour l'estomac
Dafalgan pour que la douleur parte
Je suis fait prisonnier et l'on m'a
Transformé en Ilote de Sparte

Novatrex tous les vendredis
Et mes articulations tiennent
Le son des cachets ai-je dit
Résonne en moi comme une antienne

Il faut tenir la tension
Prenez du Rilménidine
Au sommeil faire attention
Puisque c'est sûr qui dort dîne

Voilà donc mon état
Et mes désespérances
Car le sport s'arrêta
Devant tant de souffrances

Voilà où j'en suis
Soumis aux remèdes
Leur parfum me suit
Et quelque part m'aide

Il faut aller
Au-devant d'elle
Et s'atteler
Quand elle appelle

Fiancé
De la vie
M'avancer
Vers l'envie

Ou vers
L'orage
Et vert
De rage

Peur
Suite
Meurs
Fuite   *Fév. 2009*

Automne 2008

A l'entrée des roseaux somnolait un brochet
Ignoré dans l'eau fraîche et que je recherchais

Doucement ma cuiller est tombée et a lui
De ses éclats d'argent en passant près de lui
Soudain comme un éclair il traversa l'étang
Sa masse vert et cuivre a fondu pour longtemps

Alors j'ai ramené ma cuiller dérisoire

Sur la rive opposée un saule semblait boire
L'eau brunie au soleil

                Avait-il disparu
Dans l'étrange reflet qui avait parcouru

L'étang au pied du saule ou là-bas dans les joncs
J'ai lancé plusieurs fois en surface et au fond
Mais le requin d'eau douce était Dieu seul sait où
L'étang sous le soleil cachait son monde fou

Mais je suis revenu le lendemain matin

Sous le saule penché dans ce monde incertain
J'ai lancé ma cuiller entre quelques racines
Une perche suivait et dans l'heure divine
J'insistais plusieurs fois mais hélas sans rien voir
Plus loin devant les joncs j'ai cassé quelque part

A l'entrée des roseaux mon cœur cessa de vivre
Et je le voulais tant que j'en devenais ivre
Est tombée ma cuiller doucement à un mètre
Des roseaux Voyait-il Je ne voulais plus être

Une secousse folle a tendu tout mon fil
Il m'avait attaqué si sauvagement qu'il
M'entraîna vers le large et non vers les roseaux
Qui pouvaient le sauver Je le voyais dans l'eau
Vert et cuivre et orange en un éclair immense

Nous luttions tous les deux perdus dans quel silence
Et puis tout a cessé mais quelques soubresauts
Gestes de désespoir des coups de queue brutaux
L'ont encor défendu

Il était sur la rive
A mes pieds bien moins long mais que ses couleurs vives
Et pures m'ont conquis
Somnolait un brochet
Ignoré dans l'eau fraîche et que je recherchais

Assurance
J'oublie les mots les notions

La minute gigantesque
Pesante étouffante
Une éternité
N'est rien
Voilà l'arbre les toits arrachés
Voilà la voiture soulevée
Voilà les bateaux renversés
L'eau déferle percute
S'insinue se charge de tout
Ce que le vent lui donne
Et vient lécher les murs
Jusqu'à la rupture
Pour encore s'avancer
Plus loin plus profondément
Plus dévastatrice

L'heure inimaginable
Angoissante étouffante
Une éternité
N'est rien
Voici les regards
Voici les interrogations
Voici les yeux perdus
Hébétés hagards
De ceux qui restent
L'eau s'écoule paisiblement
Nauséabonde et perverse
Libérant les corps
Qu'elle avait engloutis
Digérés anéantis
Dans ses tourbillons inhumains
 Assurance
J'oublie les mots les notions

Tsunami

Fév. 2005

22

Wilfried voyez le brick géant que j'examine près du
Wharf dans le joli port de
Wilhelmshaven où les filles servent un merveilleux
Whisky écossais alors que nous jouons au
Whist sous la lumière d'ampoules de soixante
Watts donnant aux cartes un attrait irrésistible

Week-end pluvieux dans la plaine
Wallonne où les ombres langoureuses des
Wagons transportent les touristes vers
Waterloo morne plaine où Blücher avait rejoint
Wellington pour terrasser notre Empereur dans un
Western ahurissant

Wolfgang parlez-nous de votre chasse au
Wapiti quand votre fulgurante
Winchester les poursuivait jusque dans le
Wisconsin non loin de Madison et lorsque sortant des
Wigwams vous aperceviez gloussant partout les
Wyandottes bonnes à déplumer

Whipcord serré au corps
Waterproof efficace pour la recherche du
Wolfram
Wladimir vous pouviez développer votre
Weltanschauung solitaire et désespérée à l'ombre des
Wellingtonias séculaires

Wassingue à la main une
Walkyrie aux longues tresses essuyait le
Wagage desséché de l'entrée en rêvant
Walkman sur les oreilles au
Wergeld que lui avait promis un jeune prince de
Westphalie tombé sous son charme

Whisky à la main
Witloof en salade
Wombat grillé sur l'assiette
Wintergreen sur le corps
Wisigoth apprivoisé enfin je pouvais m'endormir dans
mon
Wagon-lit

Pour rire et s'amuser, octobre 2004

Toute ressemblance etc…..

Dans l'obscurité reposante d'un placard
A l'abri des erreurs et des intrigues basses
Un cadre quinquagénaire aux épaules lasses
Tuait le temps jusqu'à six heures moins le quart

Ambitions étouffées et dialogues éteints
Téléphone muet messagerie inerte
Plus besoin d'exposer ses opinions expertes
Il n'avait demain qu'un avenir incertain

Atteint soudain par le principe de Peter
Abandonné lâché par sa locomotive
Incompris d'une femme bien trop émotive
Il s'étiolait dans son bocal rempli d'éther

Il alignait consciencieusement les dossiers
Sur les rayonnages paisibles d'une armoire
Bannissant petit à petit de sa mémoire
Les salutations polies et les mots grossiers

Il se souvenait alors d'avoir tant couru
Pour ce leader merveilleux et charismatique
Avec en sus les promotions automatiques
Qui le rendaient toujours taciturne et bourru

Il courait il volait laissant tous les amis
Sur le bord du chemin le regard en déroute
Jusqu'au jour où la pioche brisa la croûte
L'élan fut stoppé et déplumé l'agami

Il se retrouvait ainsi face à l'ouragan
Seul et sans appui et sans soutien et sans phare
Avec dans la tête des pensées qui effarent
Nu tel un boxeur à qui l'on ôte les gants

Et l'écran de l'ordinateur ne parlait plus
Ne s'animait plus ni de vie ni de messages
Il était devenu un oiseau de passage
Allant venant au gré des flux et des reflux

Quelques années plus tard ….

Un cadre nonagénaire oublié dormait
Dans la douce chaleur d'un placard redoutable
Il pouvait enfin lire les pieds sur la table
A l'abri des restructurations désormais

Soudain le panorama s'épaissit
Quelle et malgré le climat délétère
Que soit sa pensée sur la pauvre terre
Son horizon tout à coup rétrécit

Sans doute a-t-elle vécu dans la peur
Du lendemain affamée et brutale
Espérant la morsure du crotale
Pour sortir enfin de cette torpeur

Elle est submergée par ce mal sournois
Insidieux qui vient du fond des âges
L'emmenant pour un étrange voyage
Sur l'eau dans une coquille de noix

Mais l'a-t-elle reconnu s'approchant
D'un pas détendu souriant alerte
Le sourire aux lèvres qui déconcerte
Et les gestes d'invite du marchand

Mais a-t-elle pu déchiffrer le mot
Celui qui nous entraîne et nous active
Qui résiste le mieux aux invectives
Espoir incrusté sur tous les pommeaux

A cette nuance minime près
On tutoie l'obstacle lourd on le frôle
Et l'on est pris dans l'inversion des rôles
Lorsque trop de *désespoir* apparaît

Désaveu d'un état végétatif
Où les volontés ne sont plus nourries
Même si quelques dames vous sourient
Avec leurs encouragements hâtifs

Quoi toujours il faudrait qu'elle avançant
A tâtons se prenne en mains elle-même
Sans le secours d'un cher être qui l'aime
Et marche et marche jusqu'aux pieds en sang

Ils ont usé trop longtemps abusé
De leur suprématie de la mainmorte
Pour qu'elle en vienne à refermer sa porte
Et d'un coup les planter là médusés

Voyant pouvait-il en être autrement
Rejaillir au fond de ses yeux la flamme
Pure évidente d'où renaît la femme
Ceux-là lui trouvèrent plein d'agréments

Qu'avait-elle fait de tous ces beaux jours
Ceux que l'on garde longtemps en mémoire
Douce magie s'évadant d'un grimoire
Et que chantaient de charmants troubadours

Rien remisés placardés enfouis
Délaissés Seul le noir était de mise
Aurait-il donné jusqu'à sa chemise
Celui-là les mains dans le cambouis

Celui-là les yeux rivés sur demain
L'optimisme scellé dans tout le crâne
Se refusant à voir les fleurs qui fanent
O scribe amoureux sur son parchemin

Il aura fait son œuvre l'avenir
Faisant du passé noirci table rase
S'évertuant en mille périphrases
Combien le cœur peut-il en contenir

A forger souder coller les morceaux
Des idées éparpillées les plus belles
Miracle Revenues en ribambelle
Les voilà refleurissant un corso

Et depuis lors ils la transfiguraient
L'analysant sous toutes les coutures
Comme on achèterait une voiture
Maquignons trop subtils sous leurs bérets

Mais elle naviguant au-delà des
Eaux sinistres ouragans et tempêtes
Chute rechute victoire et défaite
Parvenait toute seule à s'évader

Toute seule accompagnée guidée par
Des liens guillerets indéfinissables
Les petites mains des châteaux de sable
L'emmenant prendre un vrai nouveau départ

Au bout de tout ce temps ouvrant les yeux
Ouvrant son cœur aux babils et aux rires
Elle a près de son amour qui soupire
Redécouvert le beau le merveilleux

Janvier 2008

Les douleurs reviennent
Le corps se raidit
Nous ne danserons plus je te l'ai dit
Les valses de Vienne

Salazopirine
Reste sans effet
J'ai mal mes mains gonflent je suis défait
Et d'humeur chagrine

Quoi le dérouillage
Matinal est long
J'imagine une fille aux cheveux blonds
A son maquillage

Face aux douleurs vives
Qui m'ont secoué
Je sors enfin la méthode Coué
Du fond des archives

Des tendons la gaine
Est attaquée par
Cette chose à qui j'ordonne ouste pars
En longues rengaines

Ténosynovite
Rhumatisme aigu
Comme un Capulets contre un Montaigus
Le ton monte vite

J'ai la panoplie
Et tout l'armement
Pour que chaque jour au moins par moment
Les mains se déplient

Les jours les mois passent
Et vois-tu venir
Cette guérison qui pourrait tenir
Solide efficace

Changeons la méthode
Prenons Novatrex
Et si l'ordonnance écrite au silex
Etait une mode

Cachets et pilules
Bien ingurgités
Quand me laissera-t-on prendre le thé
Serein dans ma bulle

Serais-je un cobaye
Un écorché vif
Qui ne se pencherait sur le tarif
Que lors du good-bye

Février 2006

A l'heure fraîche d'un matin embaumé de fin de nuit
Deux silhouettes en silence approchent de la rivière
L'herbe crisse encore drue de rosée la gravière
En aval est déserte et le soleil nous poursuit
C'était le temps d'avant où tu pêchais

La mémoire est aux abonnés absents lorsque je revois
Ces vieilles photos en noir et blanc dans l'album des grands-mères
Ces clichés trop lointains de moments trop éphémères
Et qui nous parlent d'une toute petite voix
C'était le temps d'avant quand tu riais

Et l'on regarde ces motos alignées du défilé
Ces aréopages galonnés médaillés de lumière
Fouillant les indices d'une enquête policière
Sur la carte d'état-major en vue étalés
Mais c'était avant quand tu commandais

Aujourd'hui les mots se sont évanouis sans coup férir
Ils nous éclairent parfois la nuit depuis leur stratosphère
Insensée mais avec un tel surcoût tarifaire
Qu'on ne les entend plus et qu'on les laisse mourir
C'était le temps d'avant quand tu parlais

Voilà que les mois les jours les années passent vers demain
Comme si hier avant-hier n'étaient pour nous que des frontières
Des instants privilégiés pour nos pauvres litières
Quelques instants si fugaces sur un parchemin
C'était le temps d'avant quand tu chantais

A papa, 2006, 80 ans dont 12 ans d'AVC

T	C'était l'heure du thé
e	Calme et sereine
r	A l'instant T
r	
a	Où les journées se traînent
s	A l'abri des regards
s	Fumait la tasse
e	Pleine d'égards
	Et de bonheur fugace

T
e
r
r
a
s
s
e

d
'
u
n

c
a
f
é

j
o
u
r

d
e

p
l
u
i
e

C'était l'heure du thé
Calme et sereine
A l'instant T

Où les journées se traînent
A l'abri des regards
Fumait la tasse
Pleine d'égards
Et de bonheur fugace

Au-delà des rideaux
Passait la foule
Les trombes d'eau
Lui figuraient la houle

Un biscuit à la main
Sourire aux lèvres
Oh que demain
Semblait lointain et mièvre

Tu étais devant moi
Belle aérienne
Un peu d'émoi
Sur tes joues sahariennes

Nous devisions tous deux
Des choses belles
Du monde hideux
De l'amour ribambelle

A chaque instant les mots
Devenaient nôtres
Ou des émaux
Rares faits l'un pour l'autre

34

Mais parlerais-je assez de ma souffrance
A guetter le jour de ta délivrance
Le jour où tes yeux deviendront rieurs
Le jour où tu auras pris le meilleur
Du monde
Pourquoi devrais-je errer inconsolable
Esseulé sur des mers non navigables
Jusqu'au jour où tu aurais tout compris
Jusqu'au jour où j'aurais enfin pris
La fronde
Visant l'œil inquisiteur du cyclope
J'aurais mis fin aux pensées interlopes
Aux pensées indignes de l'être humain
Et que l'on doit laisser sur le chemin
De ronde
Nouveau David qui se métamorphose
En héros rétif à toute overdose
J'accours vers toi sur mon Pégase blanc
Et de vague en vague je viens volant
Sur l'onde
Que vois-je mille pensées qui t'obsèdent
Tu tiens tu résistes et puis tu cèdes
Je suis venu mettre un terme au combat
En casque bleu missionné ici-bas
Et sonde
L'incommensurable fosse abyssale
Où s'entassèrent les questions vassales
De questions apparues auparavant
Pour enfin ouvrir d'un grand coup de vent
La bonde
En flots inorganisés elles passent

Sous mes fourches caudines tête basse
Je les fustige de tous mes regards
Dehors dehors Waterloo Trafalgar
Et fondent
Regarde ces points du monde cosmique
Lucioles des cieux fantasmagoriques
Nées d'une maïeutique aux gestes doux
Ces questions venues on ne sait plus d'où
Seconde
Nature ayant enfin trouvé son maître
Je les ai fait fuir de ton périmètre
Ces questions qui auront tant pesé sur
Ta vie repoussant toujours plus ses murs
Abondent
Foisonnent gesticulent et fusionnent
Grouillent se multipliant et sillonnent
Ton esprit à faire de tout des riens
Ecoute regarde-moi redeviens
Joconde
Adorée au sourire énigmatique
Intelligence électromagnétique
Glaneuse au-delà de bien des moissons
Qui rit qui chante et dont les idées sont
Fécondes
Voici revenu le temps des extrêmes
De ces belles images que l'on aime
Le temps où l'on passe sans coup férir
Du rire aux larmes Chagrin va mourir
Et gronde
Chagrin va mourir Laisse-nous revivre
Cède la place à celui qui délivre
Un message d'espoir instantané

Celui qui terrasse les condamnés
Immondes
Mais voilà que les jours réapparaissent
Comme au sortir d'un tunnel de détresse
Et je suis bien présent à ton réveil
Mais voilà que les jours réapparaissent
Comme au sortir d'un tunnel de détresse
Et je suis bien présent à ton réveil
Tu renais tu renais et tes soleils
M'inondent
Je ne parlerai plus de ma souffrance
A guetter le jour de ta délivrance
Puisque tes yeux sont devenus rieurs
Et que tu as enfin pris le meilleur
Du monde

Avril-Mai 2008

Tu marches tu trottines tu cours
Tu lances dans la mer ta bouteille
Lugubres les souvenirs s'éveillent
Déçu ton cœur appelle au secours
Aujourd'hui demain plus que la veille
Et la gangrène entre sur le court

Sournoisement le soleil a fui
Délaissant peu à peu la campagne
Où tu cherchais le mât de cocagne
Où des chemins déserts ont conduit
Tes pas chancelants vers tous ces bagnes
Lointains où tout espoir est détruit

Et la peur attaque le cerveau
Scientifiquement méticuleuse
Machiavéliquement racoleuse
Tressant durablement l'écheveau
L'entourant d'une crème onctueuse
Et le rendant rétif aux travaux

Je suis allé sur Mars
Le voyage a duré
Trois jours et deux nuits
C'est peu dire
Je suis revenu
Je vous l'avais juré
Pour vous raconter
Cet empire
De nos jours l'espace
Tout là-haut sur nos têtes
Est le terrain de jeu
Préféré
Des papys rêveurs
Et je suis de ceux-là

Ma fusée donc
N'a pas mis longtemps
Pour me déposer
Sur la planète

Qu'y ai-je vu
Qui ai-je entendu parler
M'ont-ils vu
Tous ces êtres étranges
M'ont-elles compris
Toutes ces intelligences d'ailleurs

Je suis revenu
Avec mes questions
Je suis revenu
Sans leurs réponses

Je n'avais rien compris
Ils ne parlent pas
La même langue
Que nous

Alors papy pourquoi vas-tu si loin
Toi qui parles tout juste ta langue   *Juin 2015*

Dans les vapeurs d'un réveil douloureux
Ton image diaphane est apparue
Et je me précipitais dans la rue
Croyant sortir enfin d'un songe creux

La vie la vie grandissait devant moi
Dans les halos nimbée et le mirage
Semblait miroir où fondait ton visage
Me laissant seul et le cœur en émoi

Sans toi sans toi la vie est-elle un but
Qui justifierait la course aux chimères
Le plaisir sournois de gains éphémères
L'abandon de toute idée de rebut

Les chevaliers l'épée au bout des mains
L'image aimée plaquée sur la cuirasse
Ont figé sans fin du sang sur leurs traces
Et m'ont conduit vers toi par les chemins

Subrepticement et pur le réveil
De douloureux évolue vers l'extase
Plus envoûtant que toute métastase
Pour remettre en route les appareils

Mars 2003

Souffle court les yeux ébahis
Où perlent déjà quelques larmes
Et l'avenir se sent trahi
Au loin les nuages sonnent l'alarme

I

La vie qui passe passe pour ce qu'elle n'est pas
Une impression de fugacité d'intolérance
De joies mêlées dans un embrouillamini inadmissible
Quoi l'on se ferait abattre dans des champs de tir
Dans les prairies de Tyr au bout de lunettes
Trop précises et sous l'assourdissant vacarme
Des avions de chasse larguant leurs missiles
Spectacle à jamais renouvelé de ruines de larmes
De corps enchevêtrés sanguinolents de cris
De haine d'appels au secours de poings levés
De mots jetés les uns après les autres surenchéris
Et la mer est bleue paisible roucoulant ses invites
A des touristes improbables perturbés inconsolables
Et le soleil luit sur un enfant qui meurt un soldat
Qui tombe un milicien qui braque sa roquette
Une ville exsangue les ponts détruits poussière
De béton et de ferrailles entrelacées délicates
Dentelle imaginaire à l'autre bout de l'humain

II

Cet oiseau dans le ciel au bout des yeux qui vole
En serait-il porteur
Le cygne sur l'étang dont les enfants raffolent
En est-il le vecteur

H5N1 dit-on dit-on grippe aviaire
Ou peste mot affreux
Oserons-nous longer la moindre des rivières
Tremblotants et peureux

Au bruit de pandémie la planète entière
Invoque ses vaccins
Attaque les oiseaux en cohortes guerrières
Au son de ses buccins

III

Voilà le jour s'estompe et la lueur diffuse
Un message inquiétant au regard des enfants
J'avais perdu de vue Roland et son olifant
Avançant dans la nuit des idées trop confuses

S'est recroquevillé sur lui-même le monde
Et ses peurs alentour font l'actualité
Un monstre avait lâché sournoisement la bonde
La honte et les horreurs en sont la qualité

Dans son nuage ouvert sur les plaines désertes
La pluie attend son heure et finalement non
Seul un léger crachin qui parfois déconcerte
Vient gêner le travail des obus et des canons

Le nuage est passé s'est enflé sans mesure
De haine s'est noirci pour éclater ailleurs
Détruisant sans compter les plus humbles masures
Et noyant dans la boue jusqu'aux plus resquilleurs

Fin 2006 / Début 2007

Enfant j'avais des pourquoi plein la bouche
Du matin jusqu'à ce que le soir ma mère me couche

Adolescent j'avais des pourquoi plein le cœur
Pour une amourette en sortir vaincu en sortir vainqueur

Etudiant j'avais des pourquoi plein le ventre
Pour cette gazelle qui voulait de ma vie devenir le centre

Soldat ou tentant de l'être j'avais des pourquoi
Envahissant mon casque mes leggins et mon carquois

Sur le marché du travail j'avais des pourquoi plein la tête
Et je cherchais sans cesse les meilleures épithètes

Trentenaire j'avais des pourquoi plein les yeux
Pour ce monde cauchemardesque ou merveilleux

Quadragénaire j'avais des pourquoi plein les oreilles
Questions répétées par mes filles pures merveilles

Quinquagénaire j'ai toujours des pourquoi plein les mains
Pour ces visions d'avenir pour ces espoirs du lendemain

De quels pourquoi seront faites les années qui viennent
Quelles questions pourront surgir et que je ferai miennes

Aurais-je tout au bout du chemin face à mon ultime regard
La réponse à ces pourquoi méritant au moins tous les égards

J'aurai de long temps épuisé lassé raccroché à la patère
Ces pourquoi accumulés lors de mon passage sur terre

Et je laisserai le soin à mes enfants et mes petits enfants
De résoudre la question du pourquoi essentiel étouffant

Pourquoi papy manquait-il si souvent les touches
Quand il pêchait à la ligne N'est-ce pas que c'est louche

Claquant des dents la scie chante l'écorce
En sursis au bûcheron qui s'efforce
Résiste un moment

C'est dans ma tête que l'arbre s'écroule
Sur ma peau que la bille de bois roule
Radicalement

Sous les coups sourds les idées se mélangent
Et mon regard espère en vain les anges
Dans le firmament

Quoi toujours au plus fort de mon histoire
Je passerais l'étape transitoire
Des faux sentiments

J'y laisserais en chemin quelques plumes
Au-delà de l'incendie qui s'allume
Mais qui ment qui ment

Oct. 2008

Le chemin de halage est désert
Et j'avance
La pluie trop fine joue de grands airs
Elle danse
Sur le moulinet et mon chapeau
Gouttelette
Improbable pour tous les crapauds
En goguette
Le spinnerbait a plongé là-bas
Près du saule
Les libellules dans leurs ébats
Nous enrôlent
La ligne soudain marque un arrêt
Sous la vague
Le joli brochet rit à mes frais
De sa blague
Et puis le crankbait veut bien tenter
Lui sa chance
Le long des roseaux bruissant hantés
Fins immenses
Le coup est sec violent enchanteur
Magnifique
Et le frein chante accélérateur
Sporadique

Eté 2007

Dans la lune que fais-tu dans la lune
Où sont tes pensées où sont tes désirs
Et que sont devenus tous ces plaisirs
Bien à l'abri dans la fosse commune

Et tes rêves qu'as-tu fait de tes rêves
Sur lesquels tu t'endormais tout enfant
Voilà qu'à l'appel de ton olifant
Dans leur fuite la poussière se lève

Ils n'auront donc guère laissé de traces
Sur leur chemin sur ton chemin de croix
Et seul tout seul lorsque le jour décroît
Ton âme cède en venant crier grâce

Voilà des jours et des jours que tu chantes
Aède terrible désespéré
Cherchant au plus profond du Ténéré
La plus belle des étoiles filantes

Dans les soubresauts de ton corps sauvage
Tu as puisé mais pour combien de temps
L'énergie la ressource l'important
Echappant à l'usure et ses ravages

Quand dans la nuit du désert la lumière
Est apparue Mon Dieu tu la cherchais
Tu semblais voir au loin qui se penchaient
Des rossignols sur les roses trémières

Leurs chants ont mené tes pas en dérive
O tunnels indirects noirs angoissants
Contournant enfin les gouttes de sang
Pour qu'un jour assagi tu les décrives

Souvent au fond du lit tout en prière
En chien de fusil recroquevillé
Plus apaisé qu'un cheval étrillé
Tu voyais danser tes ondes guerrières

Sur ton espoir elles n'avaient plus de prise
Ces ondes égéries de tes tourments
Tu étais de leurs baisers trop gourmand
Et la prière à Dieu enfin les brise

Dans la lune que fais-tu dans la lune
Où sont tes pensées où sont tes désirs
Cours vole au-devant de tous ces plaisirs
Arrache-les de la fosse commune

Sud Maroc Avril 2005

I

L'enfant a couru vers nous
Pieds nus et souriant

Ses grands yeux défiant
Le soleil nous remerciaient

Il avait vu de là-bas le nuage
De sable et de poussière

Comme un message laissé
Dans le sillage du 4/4

Il était apparu aussitôt
Abandonnant ses chèvres

Venant de nulle part
Allant vers nulle part

De ce point d'eau
Et vers ce point d'eau

De la kraïma familiale
A l'ombre d'un acacia

Et vers la kraïma où jouaient
Ses frères et ses sœurs

Un signe de la main
Il est redevenu petit

Solitaire intemporel
Enigmatique fataliste

Et lointain si lointain
Dans l'immensité aride

II

Par le caillou déplacé sur la piste
Par le geste de la main
Par le regard d'espoir jeté au vent
Par la course pieds nus dans l'hamada
Par ces blessures insoutenables
Par ses sourires simplement gratuits

Vous illuminiez
La lumière crue
Sur la piste de Foum Zguid

Acacia
A son ombre un berger se repose
Et l'arbre que son père scia
N'arrêtera plus le cours des choses

Il est le temps
Les heures qui passent hors la montre
Il a ce pas sûr si déroutant
Que nous ne pourrons plus rien là-contre

Tout est écrit déjà et bien et mal
Tous les sentiments tous les thèmes
Comment dire aux femmes je t'aime
Sans risquer alors l'anathème
Et comment vivre bougre d'animal

Tu cherches donc un lecteur assidu
Qui serait un peu comme un frère
Fidèle et non surnuméraire
Un lecteur même téméraire
Pour goûter tes vers et leur résidu

Encore je t'y prends sentimental
Dans ta main suspendue la plume
Parle à nouveau de fer d'enclume
De je ne sais quoi qui s'allume
Tout embrumé d'essence de santal

Tu aimerais tant être reconnu
Ne pas être laissé pour compte
Etre quelqu'un que l'on raconte
A ton front juste un peu de honte
En t'avançant aux micros de l'ONU

Mais tu rêves donc les yeux grands ouverts
Qu'apporteront tes vers ta prose
Vont-ils changer le cours des choses
Et ton cœur risque l'overdose
A trop vouloir comprendre l'univers

Des idées quand bien même tu aurais
Il te faudrait les mettre en forme
Inventer les règles les normes
Oter l'odeur du chloroforme
Faire apparaître le vécu le vrai

Et tu produis produis des vers pompiers
Ne résistant pas à l'analyse
Pourtant chaque jour tu t'enlises
En passant outre les balises
Et tu leur cries mais si vous vous trompiez

Poète qui pourra te dire enfin
Tes vers sont bons tes idées belles
Les cérémonies à Cybèle
T'auront rendu fier et rebelle
Mais n'auront jamais assouvi ta faim

Souviens-toi que l'autre jour le sujet
Etait apparu formidable
Laissant un abyme insondable
Devant ton esprit incapable
De mener à bien ce joli projet

Que faire ami quoi décrire où aller
Oublie donc les aréopages
Qui ne liront jamais tes pages
Un bon whisky pour tout dopage
Et relis ces vers qui vont t'emballer

Fais donc les choses comme tu le sens
Jour après jour d'humeur égale
Sans te fracturer l'astragale
Sans les ravages de la gale
Pour les amis sans aucun mauvais sang

Ecris pour l'avenir ces vers gratuits
Que découvriront têtes blondes
Tes petits-enfants et le monde
Où l'indulgence pure abonde
Ne promulguera pas qu'ils soient détruits

Déc.08 / Janv.09

Et je vais toi me manquant
Livide au hasard des villes
Une ombre me suit servile
Mais jusqu'où et depuis quand
Elle a des caresses viles
Sur ma peau lasse et toi qu'en
Diras-tu

L'heure angoissante a sonné
Loin m'appelant au désordre
Et m'enjoignant d'aller tordre
Le cou des abandonnés
Etaler les crocs pour mordre
Le jour où tu m'as donné
Ta vertu

Le temps passé s'est exclu
Au rythme des aventures
Il a clos les devantures
Des lieux où l'on n'entre plus
Il a tiré les tentures
Et les mots doux superflus
Se sont tus

Moi je vais et toi tu vas
Nous allons d'un pas alerte
Droit devant en pure perte
Respectant le canevas
Prévu des zones désertes
Où le bateau dériva
Abattu

Ainsi le monde infléchit
Sa course vers les tempêtes
En baissant si peu la tête
Son costume défraîchi
De conseiller malhonnête
Lui donne un air avachi
Et pointu

Et je vais toi me disant
Les mots du militantisme
Bravant les ressacs des isthmes
Sous les regards méprisants
Empêtrés dans leur strabisme
Des gens curieux trop présents
Et obtus

Puis mon pas deviendra lourd
Perdu sous le poids de l'âge
Victime du modelage
Et de ma peau de velours
Et de mes muscles sauvages
Et de tout cet air balourd
Combattu

Sans nul doute condamné
Quelque part nouveau Sisyphe
A m'arracher de leurs griffes
J'irai faire pardonner
Mes attitudes de chiffe
Racler ma peau sous le nez
Des hotus

L'animalerie...l'animal rit

Un gavial affamé
Dans un lieu mal famé
Menait ses congénères
A l'assaut des sommets
Les plus enneigés mais
Se trompait d'ordinaire

Un pécari coquin
Prénommé Charles Quint
Jouait au clown Auguste
Pour ses amis sympas
Mais il ne savait pas
Qui il était au juste

Une hyène qui lit
De Colette et Willy
Quelque chose de drôle
Epie les éléphants
En pensant aux enfants
Que les armées enrôlent

Un ouistiti sensé
D'âge fort avancé
Bondissait dans les branches
Des arbres racornis
Il ne sentait plus ni
L'épaule ni ses hanches

Un ours blanc en complet
Veston blanc et replet
Pleurait sur sa banquise
Son froid abandonné
Ses jolis pieds de nez
Et ses glaces exquises

Un porc-épic soyeux
Attentionné joyeux
Racontait des histoires
Aux animaux ravis
D'écouter ses avis
Parfaits prémonitoires

Un phacochère aigri
Que le vin rendait gris
Allait de droite à gauche
A travers la forêt
Rentrant chez lui après
Sa soirée de débauche

C'est un éléphanteau
Qui se lève très tôt
Pour jouer dans la brousse
Il aime sa maman
Qui le guette un moment
Et se lance à ses trousses

Un kangourou sautait
De joie quand on ôtait
De sa poche ventrale
Des épines des clous
Pour que son petit loup
Goûte la paix australe

L'ablette et le barbeau
Qui se trouvaient fort beaux
Dans la rivière pleine
D'odeurs ou de déchets
Nageaient et recherchaient
Le moindre pyralène

Au bord d'un canal noir
Vivait un tamanoir
Avec sa langue agile
Il collait les fourmis
Craintif il avait mis
Au chaud son cœur fragile

Une marmotte et deux
Et trois se gavaient d'œufs
Mais c'était dans leurs rêves
Au fond de leur terrier
Ah se faire prier
Sortez l'hiver s'achève

Un tigre au garde-à-vous
Chez Pinder ou Knee vou
Lait manger sur la piste
Le dompteur son fouet
Mais hélas ce souhait
Rendrait les enfants tristes
C'est un babiroussa

Qui va couci-couça
Morne et plein de tristesse
Son habitat se meurt
Il voit tant de semeurs
Et sa « chasse » régresse

Sur l'arche de Noé
Montait un cri Ohé
Au refuge au refuge
Les animaux sans fin
Grimpaient grimpaient afin
D'échapper au déluge

Comme
    Comme un
        Comme un oiseau
            Comme un oiseau dans

    Comme un oiseau dans le
        Comme un oiseau dans le ciel

Comme
    Comme un
        Comme un poisson
            Comme un poisson dans

    Comme un poisson dans le
        Comme un poisson dans le fleuve

Comme
    Comme un
        Comme un chameau
            Comme un chameau dans

    Comme un chameau dans le
        Comme un chameau dans le désert

Je plane

    Je nage

        J'erre   *Mai 2009*

Maelström envoûtant
Où les regards convergent
Et plongent à jamais

Clair-obscur déroutant
Qui limite les berges
Du fjord qu'on aimait

Cascades chutes d'eau
Jaillissant des montagnes
Dévalant les rochers

Un enfant sur le dos
Un autre l'accompagne
Touriste rapproché

Qu'a-t-il lu qu'a-t-il vu
Dans tous ces grands espaces
Depuis son camping-car

Mais voici l'imprévu
Un élan un rapace
Un saumon un drakkar

Un sami tout là-haut
Alors que la pluie redouble
Nous attend patiemment

Et la chance prévaut
Et le bonheur nous trouble
Le soleil un moment

Illumine la nuit
Tout au bout de la terre
A l'heure du Cap Nord

Les rennes que l'on suit
Vont s'en vont solitaires
Dans les champs d'arbres morts

C'est l'aube du pêcheur
Sur la rivière à truites
Où le rêve apparaît

C'est l'aube de fraîcheur
Dont on guette la suite
Et qui marque un arrêt

Enfin voici Oslo
Au terme du voyage
Où la pluie nous attend

Tout un méli-mélo
De sons d'odeurs d'images
A jamais envoûtant

Norvège 2009

Nous marchions sur un chemin de montagne
Les colliers des chiens résonnaient au loin
Et pour un ou deux sangliers de moins
La vie d'ici ressemblait-elle au bagne
Mais pour autant
Est-ce important

Les rochers me l'ont dit c'est toi que j'aime
A chaque pas les insectes les fleurs
Leur empathie leur bonté leur chaleur
Développaient leur subtil stratagème
Mais pour autant
Est-ce important

Oh oui c'est important qu'on se le dise
Que serais-je sans toi avait écrit
Aragon pour Elsa Moi pour Denise
Je le redis en un souffle en un cri

Je sais qu'à travers une porte ouverte
Sur l'univers où tu ne serais pas
Mes yeux enclencheraient leur fouille experte
En recherchant le moindre de tes pas

Nous marchions la plage de l'Espiguette
S'étalait dans un bel après-midi
Avec un air premier de paradis
Nudistes et promeneurs en goguette
Mais pour autant
Est-ce important

Les vagues me l'ont dit c'est toi que j'aime
A chaque pas le sable et les oyats
Me murmuraient à l'oreille il n'y a
Pas de ta vie elle en sera le thème
Mais pour autant
Est-ce important

Oh oui c'est important qu'on se le dise
Mon présent mon passé mon avenir
Et mon ciel s'écrivent par toi Denise
En enluminures à requérir

Je sais qu'au-delà des enfantillages
Le monde s'interroge Mais comment
Vivent encor ces deux-là à leur âge
Complices heureux et secrets amants

Nov. 2009

C'est le moment sentimental que les passionnées adorent
Nous attendions dans le hall d'un hôtel de charme en Andorre
Puis je suivais le bruissement de ton jean dans l'escalier
Sans être un instant un peu rustre un petit peu cavalier
Tu me disais
                    On est bien
                            Je répondais
                                    Attends c'est l'heure
L'heure de l'interprétation et de la mise en demeure
Après la randonnée c'est l'instant solennel imposant
Où mes gestes se libèrent soudain où je vais osant
Laisser mes doigts caresser ton corps et dégrafer ta robe
Mes lèvres t'embrasser dans le cou sans que tu te dérobes
Mes pores se connecter à tes pores correspondants
Et toutes mes fibres s'exposer à tes rayons ardents
Tu me disais
                    C'était bien
                            Je te répondais
                                    C'était l'heure
L'heure de l'interprétation et de la mise en demeure
                    C'est vrai que je l'avais dans la peau
                    Car sur mon cœur flottaient son drapeau
                    Et son étendard et son emblème
                    Je tombais à genoux les yeux blêmes
                    Rétiaire dominé par le lion
                    Victime soumise du talion
Tu me disais
                    On est bien
                            Je répondais
                                    Attends c'est l'heure
L'heure de l'interprétation et de la mise en demeure

Entre trois et quatre
Comme pi
Pour te dire les choses
Le temps m'est imparti

Entre trois et quatre
Minutes à peine
Pour te chanter la vie
Ma chanson résonne

Entre trois et quatre
Années lumières
Le temps m'est imparti
Pour l'amour

Entre trois et quatre
Comme pi
Pour te dire les choses
Le temps m'est imparti

Entre trois et quatre
Les centaines
De décimales
Sont mes mots d'amour

Entre trois et quatre
Heures du matin
C'est le moment
Choisi rêvé

Entre trois et quatre
Heures PM
C'est le moment
Choisi rêvé

Entre trois et quatre
Millions de pixels
Minimum pour
La photo d'amour

Entre trois et quatre
Comme pi
Pour te dire les choses
Le temps m'est imparti

Janvier 2010

Voilà depuis longtemps que mes joues
Se creusent inexorablement
Et que le temps qui passe se joue
De mes sentiments

Mais voilà que chaque jour les rides
Font leur chemin de croix sur ma peau
Et lacèrent mon éphéméride
En menus copeaux

Voilà donc que j'avance vers Elle
Dans l'épais brouillard enveloppant
Tout les façades laides ou belles
Et le moindre arpent

J'avance Je connais son attente
Elle n'a pas à faire d'efforts
Aucun besoin de lettres patentes
Payées au prix fort

Elle va me faire rendre gorge
De tous mes non-paiements de loyer
Et passera au fer de la forge
Mon cœur dévoyé

Nous avons rendez-vous A quelle heure
Quel jour pour achever mon récit
Hurlez hurlez que la bête meure
A l'instant précis

Non nous ne réglerons pas nos montres
Là sur le même rythme alangui
Pour déterminer notre rencontre
A Dole à Bangui

Que chacun de son côté promène
Sa carcasse Il sera toujours temps
De mettre fin aux prolégomènes
Tout juste importants

J'ai les meilleures raisons de vivre
Et de repousser ses rendez-vous
Pas encor question qu'elle m'enivre
Avec son vin doux

Je signe un bail emphytéotique
Avec le grand amour celui qui
Transcende la gamme chromatique
Des charmes exquis

Vois-tu ce bail est renouvelable
Et Vulnerant omnes ultima
Necat n'est à l'heure inéluctable
Qu'un simple trauma

Que chacun de son côté s'en aille
Elle vers ceux qui sont prêts et moi
Revivre mes belles épousailles
Encore une fois

La foule Séparés Retrouvés Cohérents
Au milieu des chalands et de la houle errants
Ils sont passés heureux évitant la gangrène
Et le vent furibond qui colportait les graines
De la haine ordinaire et des meurtres gratuits
Ils entraient par hasard dans un lointain pertuis
Qui leur offrait soudain comme un droit de passage
Vers un monde meilleur empli de métissages

Un homme erre dans la ville
Je le suis d'un pas tranquille
Il marche devant mes yeux
Sent-il que je le regarde
Il parle même il bavarde
Il ne semble pas si vieux
Il ne voit pas les vitrines
De la fumée aux narines
Au loin l'odeur du tabac
Me paraît bien étrangère
Et je le suis j'exagère
Je dois le laisser là-bas
C'est plus fort que moi et l'homme
Marche plus vite C'est comme
S'il se doutait de mon jeu
Il est à cinquante mètres
Quelqu'un qui ne saurait être
Que timide ou courageux
Mais quelle est son existence
Mais quelle est son importance
Aurait-il des ennemis
Je vois son cou son visage
Est une énigme et son âge
Un défi Comme il a mis
Une écharpe une casquette
Trop longue sera la quête
Le voilà qui s'assoit sur
Un banc perdu Pourquoi faire

Dormir Je crois qu'il préfère
Au Doubs la Côte d'Azur
Mais soudain son téléphone
Il répond Cela lui donne
Un regard désespéré
Une allure intemporelle
A n'en pas douter c'est elle
Qui le contraint à errer
L'homme pleure dans la ville
Je le suis d'un pas tranquille
C'est bien la fin d'un amour
Mais j'ai vu son regard triste
Le voilà seul sur la piste
Il part Son pas devient lourd

Janvier 2015

Une petite pluie

Quelle pluie on se croirait sous les seaux des
accessoiristes au studio quand l'actrice se promène sur la
route nue sous son manteau quand hurle Silence Moteur
le metteur en scène Les voitures passent en soulevant des
gerbes d'eau éclaboussant les promeneurs au passage
Les passants traînent sur les trottoirs leur autarcie
ambulante et de leur ennui la cage Les vaches tranquilles
et mouillées à Cussey s'enivrent de l'herbe grasse et
passent leur temps contre les mouches à vouloir les
chasser comme dans la mémoire les fautes jamais ne
s'effacent Perles délicates les gouttes tombent sur le toit
et l'ornent d'un ourlet de nacre la rivière de diamants
cassée et montée chaque fois tombe encore sous les yeux
qui la consacrent

Des parapluies fleurissent dans les rues sur le pavé et sur
l'asphalte au rythme des essuie-glaces Des chiens
détrempés aux passants délavés un peuple tout entier a
quitté la place Comme on rêve la nuit à des mondes
ensoleillés comme en s'endormant le soir on pleure dans
les prières fausses jetées à l'oreiller comme on regrette
qu'il pleuve depuis des heures Les fenêtres louches aux
carreaux salis divulguent des morses aux habitants
redoutables le Doubs monte et l'Ognon sort de son lit
des pêcheurs s'ennuient les pieds sur la table

Les poissons chassés se réfugient dans les prés leurs
ronds sont des fleurs des champs nouvelles un rare
pêcheur va les cueillir et s'enivrer au parfum délicat de
la touche franche et belle

Il pleut sur son chapeau bien enfoncé sur la tête et aux
tempes qui lui colle la canne ruisselle et les touches ont
ces accélérations des rousses qui l'affolent Une goutte
s'accroche sur le bord d'un chapeau l'homme louche
vers elle comme vers la fille nue aux vitrines exposée et
dont la peau réclame Vichy Au rythme de ses pas elle
tombe en vrille Méticuleuse et douce une goutte m'est
venue sur la main et s'est étalée heureuse à son aise je
l'aurais observée jusqu'à demain si de mes yeux une
larme n'avait quitté la falaise Cette goutte était ma larme
qui venait comme quelqu'un qu'on n'attend déjà plus à
cette heure Je n'étais pas triste je n'avais aucun chagrin
mais c'est fatal chaque fois que j'éternue je pleure

Juin 2008

Embrouillamini
Je m'y perds sans gloire
Et vers l'infini
Où plonge la mer
Comme un goût amer
Voici la nuit noire
Où se fondent le maxi le mini

Le catamaran
S'est joué des vagues
Des vents des courants
Il m'a désarmé
Alors que charmé
Par toute sa drague
La sirène m'envoûte et puis me prend

J'entends les discours j'entends les thèmes
C'est à se demander si le micro
Rouge de honte à force d'anathèmes
Viendrait à hurler en montrant les crocs
Vraiment je n'en peux plus de ce système
Merde je ne joue plus

J'entends les orateurs qui promettent
Dans tous leurs discours grandiloquents
Un peu de rouge sur leurs pommettes
Sans jamais dire comment ni quand
Inventer les plans sur la comète
Et tout le superflu

Once upon a time alors que l'orage
Redoublait de violence sur mes pas
Je fuyais les chemins et leurs parages
Où tu n'étais pas

Preux chevalier aveuglé par la gloire
Le Graal s'éloignait et plus j'avançais
Plus je me perdais en longeant la Loire
Qui me fiançait

Ce n'était plus un long fleuve tranquille
La pluie le métamorphosait en torrent
Emportant mes amours et mes idylles
Vers Aldébaran

Le temps devenait gestion de l'absence
Au rythme d'un programme bien réglé
J'en avais payé d'ailleurs la licence
Pour avoir la clé

Je te cherchais je te cherchais sans cesse
Je t'attendais je t'attendais sans fin
Au soir à l'aube naissait la promesse
D'assouvir ma faim

Chaque jour chaque pas tutoyait l'heure
Où tu viendrais te blottir dans mes bras
La pluie s'est calmée mais les arbres pleurent
Qui vivra verra

La pluie la pluie s'était-elle calmée
Les arbres moqueurs pleuraient-ils vraiment
J'accourais au-devant de mon aimée
Véritable aimant

Et j'allais enfin décrocher la lune
Etre pris volontaire en ses filets
Dissimuler au monde ma fortune
A l'heure qu'il est

Affranchi Héraclès aux pieds d'Omphale
J'aurais tes mains douces dans mes cheveux
Ma chevauchée deviendrait triomphale
Exauçant mes vœux

Je t'ai cherchée jusqu'au bout de mon rêve
Mon utopie mon combat quotidien
Mon histoire qui jamais ne s'achève
Mon mal pour mon bien

Sept. 2010

FUITE

A tout prophète

Car un jour il va partir pour un long voyage vers le
continent inconnu
Car un jour le verra sortir de la ville par la porte Est du
côté du fleuve
Car un jour il laissera derrière lui un monde importun
dans l'épreuve
Et ce jour le soleil brillera comme jamais et le mènera
vers son but
Aura-t-il alors l'impression fugace de l'inutilité de sa
cause de son arche
Aura-t-il l'impressionnant désir du vouloir-vouloir vers
l'éternité
Cette notion trop subtile dont il ne revendiquerait jamais
la paternité
Et ce jour aura-t-il enfin la ferme volonté de croire au
lève-toi et marche
Pourtant tout n'a pas été qu'un songe malhonnête dans
un monde défunt
Pourtant ceux qu'il laissera ne l'auront pas vu partir sans
verser une larme
Pourtant rien n'arrachera son cœur du cœur de celle que
le départ désarme
Et pourtant il partira confiant dans le destin de son âme
irradiée vers l'Un
L'exécution publique des coupables l'aura donc tant
effrayé pour qu'il parte

L'exécution publique des innocents ne soulèvera qu'un haut-le-cœur hautain

L'exécution publique des vrais coupables n'entraînera donc jamais que les pleurs d'une putain

Et son exécution qu'il retarde dans sa fuite est digne de la Comedia dell'Arte

Mais rien n'y fait son voyage est décidé dans un moment de profond désespoir

Mais rien n'y changera quoi que ce soit Il part il part il part vers l'infinité pure

Mais rien ne le retiendra dans cette ville où la honte naît dans une toile de bure

Mais rien ne pourra le retenir ni ses pas dans son avance vers l'au-delà du noir

Il a quitté la ville et les remparts se dressent dans une menace creuse et perfide

Il a quitté la ville morte et les remparts mourant dans une paix de champ de blé

Il a quitté la ville où tout le contredisait où les interdits envahissaient les petits meublés

Oui il a quitté la ville la ville et ses habitants lassés de regarder dans le vide

Puis il a couru jusqu'à son dernier souffle vers ce monde inconnu mais rieur

Puis il a couru de toute la force de son corps défaitiste vers les toiles bleues et mauves

Puis il a couru pendant des mois des années vers la lueur là-bas tout là-bas qui sauve

Il a couru le voilà déjà loin de l'oubli dans le continent d'ailleurs

Là-bas il a trouvé ce qu'il ignorait il a trouvé ce que le monde cherche

Là-bas il a trouvé celui que personne ne connaît mais que tout le monde veut
Là-bas il a traversé le désert de la peur pour se présenter à l'heure des aveux
Car là-bas le temps est intemporel car là-bas quelqu'un lui a tendu la perche
Il avait longtemps gardé tout au fond de lui l'impression triste du souvenir
Il avait longtemps le souvenir de l'arrière ancré dans sa belle mémoire
Il avait longtemps hésité avant de croire qu'il avait tout perdu de son histoire
Longtemps tant que les poètes guideront les pas débutants il pourra sans doute tenir
Oh les heures passées à rêver de l'arrière alors qu'il était las et triste
Oh les longs moments de paisible silence où tout baignait dans la fluidité
Oh les longs mois d'attente avant de connaître le sort des oubliés de l'été
Car il attendait un signe de la ville devant les dernières traces sur la piste
Aucun geste ne vint le réveiller dans son sommeil léthargique des oubliés
Aucun bruit de pas auprès de son oreille alors qu'il épiait les pas et les paroles
Aucune fleur aucun pleur ne sont venus s'abattre sur ses pas et leur trace folle
Aucun sentiment n'est venu transformer les traces de ses pas et supplier

Pourtant il espérait mais rien n'est sorti de la porte Est
du côté du fleuve
Pourtant il croyait avec ferveur il espérait qu'elle au
moins viendrait
Pourtant rien n'est sorti de la porte Est et lui restait là
guettant ses traits
Mais pourquoi n'ont-ils plus comme avant le souvenir
facile malgré leur peau neuve
Ceux-là mêmes à qui ses adieux étaient destinés ceux-là
mais où sont-ils qui le sait
Ceux-là qu'il embrassait vers qui ses bras giclaient
quand il devenait aveugle
Ceux-là qu'il avait connus dans les moments pénibles il
les voit qui meuglent
Où donc seront-ils tous quand il va revenir et qui n'ont
pas suivi la voie qu'il traçait
Rien n'interdisait alors un retour mais pourquoi vouloir
tout détruire
Oh pourquoi rien ne lui répond alors que la solitude
envahit sournoisement son esprit
Rien n'interdisait mais tout ce qu'ils auront fait l'en
empêcha et le voilà repris
Oh qui donc le reconnaîtra lorsqu'il va revenir et qui
donc ne voudra point lui nuire

Janv. 2011

Dialogue

Tu m'attends

Pas de souci car c'est l'heure

Mais ce n'est pas une idée qui m'effleure

N'as-tu pas compté les années les mois
Les semaines les jours et comme moi
Egrainé les heures et les secondes

J'ai encor tant à faire dans le monde
La bande des cinq a besoin de moi
Pourquoi les mettre si tôt en émoi
Et puis

Il suffit Assez de paroles
Finies les rimes et les barcarolles
Il est grand temps tu viens et pas un cri
Ton destin ou ta vie tout est écrit

Pas du tout je veux vivre chanter rire
Regarder le beau éviter le pire
Voir grandir mes petits-enfants marcher
Leur apprendre le beau et le chercher
Nager et photographier la nature
Pendant

Hélas sous toutes les coutures
Observé disséqué analysé

Ton corps viendra vers moi paralysé
Mes bras musclés vont s'ouvrir je t'accueille

Certes la strip-teaseuse qui s'effeuille
Ne me ressemble pas je suis intact
M'attendre déjà quel manque de tact
Ne sois pas pressée la belle

                      Patience
Et longueur de temps

                En toute conscience
Ai-je l'air disponible et déjà prêt
Viens m'ausculter de loin ou de près
Et tu pourras

       Va C'était une approche
Je venais juste te faire les poches
Voir si je pouvais y prendre les clés
De ta vie

        Tu voulais surtout racler
La moindre parcelle d'espoir la belle
Espérance

       Mais je suis surtout celle
Qui sera à ton dernier rendez-vous
Patiente pour te rayer du who's who
Alors mon ami

        N'allons pas si vite
Sois très gentille attends que je t'invite

Laisse-moi continuer sur le chemin
Tenir mes petits-enfants par la main
Leur montrer alentour les belles choses
Leur montrer la vie par petites doses

Dis

    Silence je n'ai pas terminé
J'avance sans doute en terrain miné
Puisqu'à la fin on le sait tout s'arrête
Et puisqu'on le sait tu es toujours prête
Laisse-moi la belle prendre mon temps

Comme tu voudras

        Merci

           Je t'attends

               Mars 2011

22 h, entre Fort Griffon et Rue Richebourg

Toi qui attends pour dire avec un grand sourire
Tu viens sais-tu au moins s'il existe un soleil
Toi qui le conduiras calme dans ton sommeil
Il y aura toujours quelqu'un pour te maudire

Alors pourquoi penser que rien ne peut te nuire
Tu t'es fâchée un jour pour cacher ton réveil
Tu verras le matin et qu'après votre éveil
Il y aura toujours quelqu'un pour te détruire

Un soir abandonnée finie tu pleureras
Oh mais n'oublie pas que pour les dernières pages
Il y aura toujours quelqu'un qui t'aimera

Tu vivais trop jolie qui peut te condamner
Oh mais n'oublie jamais qu'à la fin du voyage
Il y aura toujours quelqu'un pour pardonner

Sept. 2009

RAP

Comment s'fait-il que j'n'ai pas
Comm' les aut' un' gross' voiture
Je boss' chez un mec sympa
Y m'dit mon fils moi papa
J'n'ai qu'un vieux vélo j'vous jure

Mais il est tellement râteau
Qu'pour lui en décrocher une
Faudra qu'cent fois j'me lèv'tôt
Ah mon beau popa gâteau
Quand c'est qu'j'aurai ta fortune

J'suis pas l'plus intelligent
Pourtant j'étais un beau gosse
C'que j'dis c'est si affligeant
Q'tu n'me montr' jamais aux gens
Pardon p'pa t'mets pas en crosse

J'te jur' q'je f'rai un effort
Pour fair' plaisir à ma mère
Et j'ne rot'rai plus si fort
J'étudierai f'rai du sport
J'parlerai comme il faut faire

Dis papa c'est vrai q'j'aurai ma Porsche
Dis papa jur' le moi ou j't'écorche

Août 2008

Géante comme l'ambre de l'agneau
Canard mouillé suintant de
peau vilaine
S'étend réglée papier à
musique au
Silence lent la tour rue
Madeleine

Sainte par notre estime
conquise et
Les herpes conscience
hétéroclite
Gagnent la faim de l'hymen
remisé
Parmi les trous conseillers de
l'élite

Régime immortel qui ne sut
borner
Draconien avec ses feux
fleurs d'érable
Taquets glissés dans le milieu
du nez
La gaieté de l'ambition
désirable

Aux nuages-désillusions
visant
La tour dans son côté par la
galerne
S'étire frappée et reste un
gisant
Qui devant eux devient
drapeaux en berne

Souvent sortent par l'ourlet
de son toit

Glissent sur une corde des
canopes
Entailles que tous montrent
de leurs doigts
Fenêtres prismatiques des
europes

Car des murs orbes
s'écroulent soudain
Dans le silence de la
canonnade
Avec l'intemporel d'un pieux
dédain
Bruit incarné dans une
dérobade

Défaitiste Artistiquement
venus
Tous fuirent par bandes
redécouvertes
Neutralisés sur le sol où les
nus
Renversés en arrière et les
peaux vertes

Mouraient dans des fracas
pare genoux
Verdun des nus résistance
splendide
N'avouait devant des juges
qu'à nous

Déjà même quittait la tour
candide

Mars 2011

89

Parce que c'était lui parce que c'était moi
L'amitié est venue avait écrit Montaigne

Mon amour c'est un peu cela
Sauf que c'était toi sauf que c'était moi
Sauf que c'est toi mon amour mon épouse
Sauf que c'est moi ton amour ton amant

La tête lourde de fièvre
La gorge prise au sortir de l'hiver
Tu t'en veux Mais je t'aime tout autant
Parce que c'est toi parce que c'est tout

C'est nous deux dans la vie ensemble
A s'organiser à vivre à s'aimer
A rêver pour les nôtres leurs lendemains
A se retrouver enfin seuls le soir

A ne plus s'imaginer au travail
A se vouloir tout à coup tendrement
A rire en voyant nos petits-enfants rire
A ne rien dire à ne rien faire à deux

Notre amour c'est tout cet ensemble
Parce qu'on est heureux d'être tous réunis
Parce qu'on est heureux d'avoir été
Deux un moment de notre vie à deux

Parce que c'était toi parce que c'était moi
Notre amour formidable est né
Et parce que c'est toi et parce que c'est moi
Notre amour a duré

Je t'aime Un point c'est tout

Qu'à l'alchimie des mots j'essaye et mon cœur tremble
Que naisse quelque chose où les mots se rassemblent
       Le présent respire et s'étend
Que les arbres vibrent sous le souffle des gnomes
Je revois la colline au cœur du Puy-de-Dôme
       Et perdues les fermes d'antan

Au silence éclatant recouvrant toute chose
La vieille femme noire auprès des chèvres roses
       Dit la prière des perdus
On aperçoit sa canne au sortir d'un virage
Les mots n'existent plus et me font un barrage
       On oublie trop ceux qu'on a vus

Je recherche pourtant quelque part en ma tête
Tous les mots merveilleux qui viennent aux poètes
       J'ai pris çà et là des photos
Pour entrer en mémoire ô mes cartes postales
Des reflets inconnus des idées anormales
       Mais les mots s'en vont aussitôt

Nous sommes des anges
Les facteurs étranges
Du courrier d'ennui
Par-dessus la ville
Qui dormait tranquille
Au cœur de la nuit

Nous sommes des astres
Germes de désastres
Pour une explosion
Gigantesque ultime
Nous visons les cimes
De la dérision

O revolvers de la détresse
O revolvers semeurs de mort
O laser perforant les corps
Seul plaisir qui nous intéresse

Nous sommes les bêtes
Perdues des tempêtes
Les jours à venir
Seront l'échéance
De notre démence
Et du repentir

Nous sommes la crainte
Des journées éteintes
Au creux de vos lits
Nous aimons les belles
Un peu comme celles
Qui nous ont salis

O revolvers de la détresse
O revolvers semeurs de mort
O laser perforant les corps
Seul plaisir qui nous intéresse

Nous sommes le germe
La volonté ferme
De l'aliénation
Fermez vos oreilles
Coulera la treille
Du sang des nations

Nous sommes l'idée
Des joies débridées
Ecoutez vos cœurs
Chanter notre gloire
Il faudra nous croire
Nous sommes l'horreur

O revolvers de la détresse
O revolvers semeurs de mort
O laser perforant les corps
Seul plaisir qui nous intéresse

On est le voyage
Vers le marécage
Au bout du chemin
Vers la fin du monde
Franchira la bonde
Tout le sang humain

On est la colère
La pieuse misère
De la peur des jours
Les maisons s'écroulent
Déchaînée la foule
Danse tout autour

O revolvers de la détresse
O revolvers semeurs de mort
O laser perforant les corps
Seul plaisir qui nous intéresse

Nous sommes le pire
Le chant d'une lyre
Qui conduit les morts
La pluie sur la plaine
Ravive l'haleine
Fétide des ports

Nous sommes les cernes
Et l'hydre de Lerne
Et le malheur fou
Les envies nous rongent
Nous voyons en songe
Des gens comme vous

O revolvers de la détresse
O revolvers semeurs de mort
O laser perforant les corps
Seul plaisir qui nous intéresse

On est hérétique
Et votre panique
Nous semble gopak
Fuyez votre enfance
Au cours de la danse
Et de ses flash-back

Nous sommes les êtres
Qu'il faut reconnaître
Comme chefs divins
Ne restez pas neutres
O bandes de pleutres
Donnez-nous du vin

O revolvers de la détresse
O revolvers semeurs de mort
O laser perforant les corps
Seul plaisir qui nous intéresse

Nous sommes le rêve
Des mauvais élèves
Et des malheureux
Nous sommes la horde
Du mal qui déborde
A l'estomac creux

Nous sommes les larmes
Perdues de vos charmes
Coulant aux balcons
Nous sommes des hyènes
Surtout en moyenne
De bien pauvres cons   *Nov. 2011*

Le plaisir étourdi pour unique richesse
Dans le creux de tes reins ma main se perd
J'en oublie la douleur de tes baisers impairs
Mais j'aime sentir ces frissons qui naissent

Le temps s'achève au bord de la désespérance
Et nous lions nos corps à l'infini
Dans un subtil parfum de gestes impunis
Mais j'aime sentir ces frissons qui dansent

Ton corps roule et ondule
Sous mes mains
Et je suis un pendule
A tes seins

Et mes vagues s'estompent
Sur ta peau
Lorsqu'à la nuit se rompent
Tous mes os

Intemporel et pur notre amour s'éternise
Et suit nos gestes lents vers le bonheur
Le vent brûle nos corps sortant de sa torpeur
Ce frisson qui naît soudain et me grise

Nous ne rêvons jamais à ces tristes figures
Parce qu'on s'aime au-delà de l'amour
Et le choc de nos corps épanouis et si lourds
Nous cloue sous le frisson de bon augure

Ton corps roule et ondule
Sous mes mains
Et je suis un pendule
A tes seins

Et mes vagues se jettent
Sur ton cœur
Lorsqu'à la nuit s'arrête
Notre peur   *Avril 2011*

Hélas elle est morte Adèle
Qui mangea hier de la mortadelle
Hélas elle est morte à Delle

Et la petite ville n'avait pas
Du tout besoin de ce soudain trépas

Lorsqu'on m'arracha mon dentier
J'en ai voulu au monde entier

Et devint pâteuse ma bouche
Et tombèrent sur mes babouches
Les dents déchaussées

Puis apercevant la maréchaussée
Accourant face à la marée chaussée
De ces bottes ad hoc
Le capitaine Haddock
Quitta au plus vite les quais à docks

On en rit
De savoir Henri
Négociant en riz

Septembre 1992, lors du décès de Bernard, Parrain de Céline
Vaincu par une SLA après un long et courageux combat

Poème retrouvé

Et Denise a pleuré dimanche au téléphone
C'est Noëlle Bernard Chut j'ai compris
Surtout ne pas penser qu'il part nous abandonne
Il éclaire le chemin qu'il a pris

Les larmes viennent aux paupières
De ceux qui l'ont connu
Ses mots d'amitié leur sont revenus
Traçant au ciel des filaments ténus
Etoiles baignées de lumière

L'église est riante en juillet
En septembre frissonne
On court à l'appel des cloches qui sonnent
Pour qu'ici Dieu bénisse et là pardonne
Sans fleurs ou bien sous les œillets

Et Denise a pleuré dimanche au téléphone
C'est Noëlle Bernard Chut j'ai compris
Surtout ne pas penser qu'il part nous abandonne
Il éclaire le chemin qu'il a pris

Las quoi qu'on fasse et quoi qu'on dise
Un beau jour le chemin
Ne s'ouvre plus sur quelque lendemain
Et dans un dernier adieu de la main
Tous les amis quittent l'église

Tant de peine sur ces fronts bas
Et les larmes qui roulent
Rythment le Magnificat de la foule
On voit bien que jamais rien ne s'écroule
Quand l'homme mène son combat

Et Denise a pleuré dimanche au téléphone
C'est Noëlle Bernard Chut j'ai compris
Surtout ne pas penser qu'il part nous abandonne
Il éclaire le chemin qu'il a pris

ENVOI

Soudain le temps paraît où la maison se vide
Mais l'on ressent toujours son regard malicieux
Sa présence en un mot irradiée et limpide
Alors qu'il a rejoint le royaume des cieux

Quels sont ces cris quelle est cette tempête
Quel glas sonne-t-on et quelle trompette
Entonne les chants guerriers d'autrefois
Un pousse au crime appelle à la révolte
A saccager dans les champs les récoltes
A brûler les croyants d'une autre foi

Que veulent ces hommes qui s'époumonent
Qui sont ceux qui partent vers la Timone
Criblés de balles dans les quartiers nord
Quels sont ces relents noyant l'atmosphère
Dans l'odeur noire de sales affaires
Quand rôdent la drogue la peur la mort

Pourquoi ces nuages intolérables
La face cachée des impondérables
La bombe humaine le coup de grisou
Nul souvenir au sortir de l'enfance
Sarcastique auteur de la pire offense
Eclatant pour aller je ne sais où

La voiture s'encastra contre un arbre
Et voici un nom de plus sur le marbre
La famille les amis tous en pleurs
Ont fermé les yeux de cette jeunesse
Qui croyait s'éclater dans la vitesse
Mais demain faneront déjà les fleurs

La victime est au sol Déchaînez-vous
Elle implore
Et va mourir lentement sous vos coups
Indolores

Elle est seule et vous êtes vingt-deux
Anonymes
Elle a un nom et la paix dans ses yeux
Se ranime

C'est la fin et vous êtes repartis
En voyage
Elle gît sur le trottoir trop petit
Du village

Mais qu'avait-elle de plus ou de moins
Que nous plaire
Pour être assaillie ainsi sans témoins
Oculaires

La victime gît au cœur de la nuit
La plus noire
Tout en elle part tout en elle a fui
Sans mémoire

Les journaux n'y verront qu'un peu de sang
Inclassable
Traces d'une colonie qui descend
Sur le sable

Ne s'agirait-il que d'un fait divers
Imbécile
Pour distraire les fins de nuit d'hiver
De la ville

Ou d'un drame plus triste plus profond
Sans limite
De liens sournois qui se font se défont
Illicites

La victime est au sol Déchaînez-vous
Elle implore
Et va mourir lentement sous vos coups
Indolores

Décembre 2011

Bonjour

C'est moi Pourquoi m'avoir écrit

Car je voulais obtenir un rescrit
Validant un désir de centenaire
Cédant sa place de prioritaire

Holà tout doux tout doux mon bel ami
Tu interromps ma partie de rami
Et je ne suis

Bah mais quelle importance
Ne comprends-tu pas ce désir intense
De vouloir encor longtemps profiter

De quoi Tu n'as de cesse d'irriter
Ma patience et toutes mes certitudes
Tu viendras au bout de tes lassitudes
Et ce quoi qu'il en soit rejoindre ceux
Qui avant toi ont délaissé le jeu

Enfin je ne demande pas grand-chose
Remettre à plus tard la métempsycose
Comme je le disais en mars dernier

Assez Tu n'es pas chez un tavernier
Laxiste où l'on peut au bout de l'ivresse
Hurler la haine et l'appel de tendresse
Imagine-toi chez lui ivre-mort

A pleurer lamentable sur ton sort
Imagine aussi le regard des autres
Leurs mots durs Voyez ce porc qui se vautre
Lors ne serais-tu pas mieux dans mes bras
Ils diront tu le sais Bon débarras

Mon idée de t'envoyer une lettre
S'en venait du plus profond de mon être
Mais je l'avoue ce n'était pas malin
Aussi laisse-moi encore aux câlins
De mes petits enfants

Mais je suis patiente
Et ravie de voir que mes pensées hantent
Ta vie tes nuits ton cœur et ton esprit
Tu sais qui croyait prendre sera pris

Mars 2012

Il est par-dessus tout une atmosphère étrange
Des sons et des couleurs imprégnant les maisons
Puis il est venu l'homme aux idées qui dérangent
Apparaissant sauveur au bout de l'horizon

Ses discours ont grandi s'enflammant sur les ondes
Les foules l'ont suivi subjuguées par les sons
Les gestes qui demain reconstruiront le monde
Et ses regards aigus qui donnent le frisson

Plus les foules sont là plus apparaît le manque
Comme un appel perdu aux parfums enivrants
Plus s'éloigne le rire autour des saltimbanques
Plus il lance l'appel à rentrer dans le rang

L'ennemi est nommé désigné à la haine
Il doit être chassé puni exproprié
On a déjà forgé le fer des lourdes chaînes
Pour les femmes lynchées rien ne sert de prier

Il est venu sauveur comme étant la réponse
Aux misères du monde et du crime ambulant
Avec ses lave-ponts avec ses pierres ponces
Tout serait purifié et rendu bien plus blanc

Et la pensée unique équivalente à la sienne
Muselant les auteurs éteignant les penseurs
Dépeuplant au soleil les plages aoûtiennes
Pour s'élever serait leur unique ascenseur

Il est donc présent l'homme aux idées qui dérangent
Chaque jour et chaque heure étouffant et glacial
Il bêche il plante il sème il vendange il engrange
Comme tout producteur comme tout commercial

Quand tout sera broyé et terrassée la foule
Quand tout sera noyé et maîtrisés les flots
Quand tous seront éteints fondus dans le seul moule
Il sera bien trop tard pour crier au complot   *Mai 2015*

105

Oublié le climat délétère qui règne
Oublié le vacarme assourdissant des cris
Oubliée la chaleur moite qui nous imprègne
Oubliés les procès aux plus humbles écrits

      Nous marchons seuls sur la plage
      La foule est dense et lointaine
      Présence floue incertaine
      Sans corps sans regard sans âge
      Nous sommes seuls sur le sable
      Ces parasols ces nattes
      Ces fumées indélicates
      Désert indéfinissable

Et partout les fusils continuent leurs manèges
Et partout les blessés ou les morts tour à tour
Revivent leurs destins de viols de sacrilèges
Aux quatre coins du monde avec ses alentours

      Nous marchons seuls dans les vagues
      Qui viennent s'éteindre au calme
      Les tubas masques et palmes
      Ignorent le monde et blaguent
      Nous marchons seuls dans les rires
      Autour des ballons qui fusent
      Ensemble par jeu par ruse
      Si loin des maux qui empirent

Oubliés les conflits qui partout s'éternisent
Oublié l'attentat lâche et si quotidien
Oubliées l'exégèse et la belle analyse
Du crime permanent dans chaque méridien

      Voici le temps de la trêve
      Du répit et de la fête
      Où l'on oublie les défaites
      L'inutilité des rêves
      Voici le temps des errances
      De l'amnésie collective
      Dans l'insulte et l'invective
      De la grande indifférence

Août 2012

On suit la danse
Des mains qui parlent
Elles condensent
Ainsi par le
Cheminement
De la pensée
En ce moment
Récompensée
La joie de vivre
L'espoir l'humain
Le vertige ivre
Du lendemain

On oublie l'homme
De l'écran morne
Trop juste en somme
La peur écorne
Affreusement
Servile ingrate
Dans le roman
Noir du pirate
La joie de vivre
L'espoir l'humain
Le vertige ivre
Du lendemain

Insoutenable
L'image attire
Triste et minable
L'œil des satyres
Et dans leurs rangs
Elle s'avance
Ment et reprend
A nos enfances
La joie de vivre
L'espoir l'humain
Le vertige ivre
Du lendemain

Sept. 2012

Bonnet rouge au milieu de l'écran
Une flamme rouge aussi s'élève
Des images de moins en moins brèves
Nous magnifient tout un peuple à cran

On crie on revendique on détruit
Un peu partout surtout dans sa sphère
Pourvu que l'on puisse satisfaire
Ces exigences sans trop de bruit

Où est le rire où sont les plaisirs
Où sont les rêves bien davantage
Quelle utopie pour quels ermitages
Où sont les mains tendues à saisir

La cacophonie EST le discours
Comme si banal pour le comprendre
Il fallait courir dans ses méandres
Par le chemin soudain le plus court

Et de conclaves en réunions
Des énarques perdus réfléchissent
Sans voir qu'autour des Français se glisse
L'appréhension sous les lumignons

Il manque une direction un cap
Une volonté indéfectible
Quelque chose de compréhensible
De joyeux servi dans un hanap

La liqueur est amère pourtant
Les candidats toujours là se pressent
Et nous cajolent et nous caressent
Las depuis maintenant trop longtemps

Quand amusez-vous amusons-nous
Sera le seul slogan de la foule
Face à la France qui perd sa boule
Avant qu'elle ne tombe à genoux

Et avant que l'on ne soit tous pris
En otages par ces fanatiques
Alors nos cœurs seront hermétiques
Aux lâches discours mais à quel prix

Le passé n'a-t-il pas de leçons
A donner qui seraient suffisantes
Qui seraient tout à coup si présentes
Veillant l'Elysée et Brégançon

Lisons l'histoire des Présidents
Hélas savent-ils encore lire
Ces gourous conseillers en délire
Qui nous feront rire à pleines dents

Lorsque leurs maximes deviendront
Ridicules superfétatoires
Largement oubliées de l'Histoire
Mais en attendant on tourne en rond

On tourne en rond on patauge on fuit
Le monde entier travaille et avance
Et s'entretue dans la connivence
Des yogis prostrés dans leur feng shui

Faudra-t-il une révolution
Et l'abolition des privilèges
Deux ou trois massacres sacrilèges
Et des morts Place de la Nation

Une nouvelle nuit du quatre août
Et d'autres rafales à Charonne
Pour qu'un nouveau Mai partout claironne
Pour que le juge-arbitre estime out

Les éternels discours lénifiants
Soporifiques trop indigestes
Revenons à nos chansons de geste
Oublions ces êtres stupéfiants

On parle de dépôts de bilan
Chaque jour et chaque heure qui passent
D'emplois engloutis par les rapaces
Et de savoirs sans équivalents

Qui se meurent par enchantement
Et le cours en bourse soudain monte
Le spécialiste nous le raconte
Mais mon ami on sait que tu mens

Que tu mens que ce que tu nous dis
N'est qu'un leurre un puissant narcotique
Subtile piqûre d'une tique
A qui nous devrons faire crédit

S'approchent alors les conseillers
Avec leurs vérités dans la bouche
Leur shampooing délicat pour la douche
Leurs couettes et leurs oreillers

Ils nous endorment avec leurs mots
Nous aveuglent et nous hypnotisent
Croyant déceler notre bêtise
Dans nos calembours à la Vermot

Mais c'est dans l'Almanach que l'on vit
Et que l'on tient et que l'on résiste
Que l'on oublie d'être masochiste
Que l'on fait semblant d'être ravis

Princes ministres n'allez pas voir
Pourtant dans nos franches rigolades
Ultimes notes de nos ballades
Le sang du peuple dans l'abreuvoir

Enfin êtes-vous devenus sourds
Face à la foule qui se lamente
Et n'écoute plus ceux qui commentent
L'économie et ses contours

Mais quelle frénésie vous a pris
Quoi vos mains miment une danse
Comment trouver la correspondance
Pour des trains qui n'ont plus aucun prix

Vous promettez vous gesticulez
Arrogants et fiers sur vos estrades
Hélas voyez combien sont en rade
Dans leurs esquifs désarticulés

Depuis combien de temps rament-ils
Ces futurs adhérents de l'extrême
Et toutes vos tartes à la crème
Sont pour eux d'un humour trop subtil

Vos discours sont maintenant abscons
Et vos atermoiements illisibles
Nous ne comprenons rien à vos bibles
César franchira le Rubicon

Grenades et faux dans chaque main
Massacrant à tour de bras l'élite
De ce beau pays qui périclite
Promettant de nouveaux lendemains

Quel crédit donner à celui-là
A celle-là plutôt qu'à tel autre
Mais alors quel gourou quels apôtres
Suivre jusque dans leur Walhalla

Et le peuple crie encor toujours
Jamais trop c'est trop assez urgence
Les drapeaux d'une drôle d'engeance
Mènent un cortège sans amour

Des cordons bloquent les boulevards
Les pavés soudain refont l'histoire
Lors le stop-and-go rédhibitoire
Dilue son encre sur les buvards

On ne comprend décidément rien
Aux discours à leurs mots à leurs phrases
Et celui qui ferait table rase
Du présent du passé cambrien

Celui-là est-il seulement né
Qui saura conduire l'attelage
Paisiblement pour notre voyage
Bien que par avance condamné

En attendant au cœur des discours
Qui nous parviennent par bribes
On ne retient plus que les diatribes
Qui nous laissent sans voix sans recours

Chaque jour à coup de revolver
Le sang vient coloriser la une
Comme si la haine la rancune
Faisaient tourner les vies à l'envers

La une des journaux le comprend
Attire le regard des passantes
Avec leurs photos intéressantes
Douloureux drame pour les parents

Car enfin faut-il tout nous montrer
Car enfin peut-on tout voir tout dire
Tout démontrer prévoir tout prédire
Sur les seuls aléas rencontrés

Par quel hasard lorsqu'à tour de bras
Chaque corporation dans la rue
Tout dans l'excès revendique et hue
Rêvant du jour du grand débarras

Les arbres n'atteignent pas le ciel
C'est pourtant le cœur de leurs promesses
Si bien qu'au sortir de leurs grands-messes
Comme un paradis artificiel

Apparaît devant nos yeux mouillés
Embués de larmes hypocrites
Ne comprenant plus rien à ces rites
On courbe le dos agenouillés

On courbe le dos désemparés
On n'attend plus que la crise passe
Et l'on referme sa carapace
Seul outil dont on s'est emparé

Il faudra probablement des mois
Noirs lourds angoissants interminables
Avant qu'un espoir inestimable
Vienne à nouveau nous mettre en émoi

Nov. 2013

Oui j'ai hurlé
Hurlé de rage
De désespoir
Dans le silence
Assourdissant
De ma douleur

Oui j'ai pleuré
Pleuré de honte
D'immobilisme
Dans le fracas
Assourdissant
Des destructions

Oui j'ai ragé
Ragé de crainte
Je me suis tu
Même au-delà
Devant l'image
Assourdissante

Oui j'ai éteint
Eteint le poste
Pour ne pas voir
Tous ces massacres
Ensanglantant
Mon horizon

Oui j'ai lâché
Lâché la prise
Pour m'en aller
En solitaire
Et délaisser
Le monde en feu

Oui j'ai séché
Séché les cours
D'économie
De politique
Et leurs discours
Grandiloquents

Oui j'ai prié
Prié les dieux
De toute foi
Pour que la paix
Belle et sereine
Revienne enfin

Déc. 2013

117

Découvrir les secrets de l'ésotérisme
Parcourir les plaines du Far West
Manger des produits inconnus mais beaux
Vivre au-delà des convenances
N'est-ce pas le rêve
Chanter les airs des opéras ignorés
Jouer au chat et à la souris
Crier à tue-tête dans une grotte vide
Parler pour ne rien dire
Ecrire au Palais de l'Elysée comme ça
Sur un sujet inutile et incongru
Ne pas en attendre de réponse
N'est-ce pas le rêve
Marcher au hasard des rues à travers la ville
Prendre le bus avec des inconnus
Les voir les étudier les analyser
Suivre leur entrée et leur sortie
Entrer dans la première boutique
N'y rien faire n'y rien acheter
Juste observer les chalands
Les voir les étudier les analyser
Suivre leur entrée et leur sortie
N'est-ce pas le rêve
Sonder mesurer l'insondable
Compter mesurer l'incommensurable
Vérifier mesurer l'invérifiable
Eviter mesurer l'inévitable
Pondérer mesurer l'impondérable
N'est-ce pas le rêve
Ecrire n'importe quoi
N'importe comment
Pour être la risée d'hypothétiques lecteurs
A cinq heures du matin quand
Le vent souffle que la pluie commence
Sa chanson mélodieuse et lancinante
N'est-ce pas le rêve

Il est des chiffres qui trop souvent donnent le vertige
Il est des images aussi qui donnent le tournis
Il est des fusils qui massacrent une fois fournis
Il est des fleurs qui dépérissent au bout de leurs tiges

Il est des chansons d'horreur aux paroles dangereuses
Il est des appels au crime dans tous les écouteurs
Il est des fous qui se proclament interlocuteurs
Il est des spadassins inconséquents dans leurs vareuses

Il est des toujours et des jamais il est des encore
Il est des foules incontrôlables il est des cris
Il est des enragés au destin par avance écrit
Il est des survivants ivres de mort que l'on décore

Mais que peut faire l'âme chevillée au corps des hommes
Pour prendre enfin sur les malheurs dispersés le dessus
Pour malgré tout mettre un terme à tous ces espoirs déçus
Pour aligner le contre et le pour en figer la somme

Que pourrait cette âme isolée cernée par les bassesses
Face à toutes ces lâchetés face à tous ces méfaits
Bomber le torse au milieu des gens reste sans effet
Et des barbus fous interrompent toujours des grossesses

Il est des soldats qui meurent trop loin de leurs familles
Il est des images des théâtres d'opérations
Il est des sentiments durs d'une coopération
Il est des armes incroyables qui partout fourmillent

Il est des charniers affreux où les religions entassent
Cà et là les corps massacrés des autres religions
C'est au final un match nul comme si nous l'arrangions
Par avance pudiquement pour se voiler la face

Janv. 2014

J'entre dans la légende
Presque statufié
Pressé par la foule qui me hisse
Dans un sanctuaire sacralisé

Rêve ou cauchemar

Le réveil est brutal
Où suis-je

Le journal du matin est trop court pour citer tous les pays
où le peuple meurt d'avoir parlé des exactions des
invasions des attentats des révolutions larvées des
assassinats des discours contre des ethnies des religions
des étrangers des pays

Mais

Les images sont là
Sur les chaînes d'information continue

On ne peut pas ne pas
Savoir
Juger

Acronymes sigles offices
Envahissent les écrans
Spécialistes commentateurs
Exégètes
Occupent l'espace

Des troupes en armes envahissent
Des territoires
Des troupes en armes occupent
Des espaces

L'Histoire se répète les leçons les horreurs du passé
n'ont-elles laissé aucune trace aucun souvenir efficace et
rassembleur dans la mémoire et le pouvoir qui déjà rend
fou rendrait-il en fin de compte encore plus fou devenu
absolu pour Beuve-Mery ou par ailleurs Tocqueville
aurait-il eu une nouvelle fois raison trop tôt

Quoi

1854 1855 c'est déjà la guerre de Crimée
1922 1945 c'est déjà une république autonome de
l'URSS
1954 c'est déjà le rattachement à l'Ukraine
1991 c'est déjà l'indépendance de l'Ukraine et la
Crimée vote très largement pour

Alors

Alors amnésie dans tous les continents
Pas de lassitude face aux conflits permanents
Aveuglements
Grandiloquences
Paraboles
Métaphores
Oxymorons

Tout est bon pour notre pâture pour l'engourdissement
de nos capacités cérébrales d'analyse pour rendre
aveugle et sourde la foule hystérique désenchantée livrée
à l'appétit de dépravés et la foule aura beau défiler n'en
croyant pas ses yeux dans les palais désertés luxueux au-
delà de tout de dictateurs enfuis elle ne pourra pas éviter
que les choses se renouvellent ailleurs

Je reprends
Mon rêve

J'entre dans la légende
Presque statufié
Pressé par la foule qui me hisse
Dans un sanctuaire sacralisé

Et je reprends
Mon sommeil
Béat
Rédempteur
Egoïste
Amnésique
Hypocrite
Immobile
Non-aligné
Non-initié
Non-intervenant
Non-combattant
Non-concerné
Non-volontaire
Non-candidat   *Mars 2014*

Il était une fois
Probablement deux
Peut-être même plus
Mais sans doute
Aussi
Beaucoup moins
De brefs instants
Des bribes
Des traces
Des onces
Infimes
Fugaces
De bonheur
Mal compris
Mal saisi
Mal diffusé
Ces petits moments
Fragiles
Ténus
Ethérés
Aériens
Diaphanes
Qui s'évanouissent
A peine entre-aperçus
Mais qui chargeront

Au fil du temps
Inexorablement
La mémoire profonde
Dans ses entrelacs
Les plus reculés
Et qui
Resurgiront
A l'ultime instant
Au dernier moment
Dans un flash-back
Inouï
A la vitesse de l'éclair
Intégral
Radical
Et dans la douleur
Du premier et dernier
Baiser
De la nanoseconde
Du clap de fin

I

Car je vais partir les enfants
Un jour viendra ce sera l'heure
Je ferai comme l'éléphant
A qui l'on dit soudain qu'il meure

Alors sous un arc triomphant
Où les drapeaux en berne pleurent
Giflant mes joues et les griffant
Adieu mes cannes et mes leurres

Je laisserai mes moulinets
Au fond de leurs étuis mes boîtes
Fermées et pourtant j'y tenais

Et quand j'aurai lâché vos mains
Vous laissant seuls sur les chemins
Pensez à moi la tête droite

II

La tête droite cela veut
Dire soyez fiers de l'ancêtre
Ce papy pêcheur aux cheveux
Blancs qui voulait vous bien connaître

Vous bien connaître est un aveu
Caché dans ses vers à paraître
Et qui transcende tous ses vœux
Comme un étendard aux fenêtres

Je ne vois pas fermer les yeux
Ni sans sourire et sans présence
Ni sans vos souvenirs joyeux

Mais la question revient souvent
Et si jamais jamais le vent
Me condamnait à votre absence

III

Ne vous inquiétez pas je ris
De tout de rien et de ces choses
Que l'on voit et que l'on écrit
Que je prends par petites doses

Mais quand je serai rabougri
Tout près de la métamorphose
Seul votre regard attendri
Aura pour moi l'odeur des roses

Je suis ce papy rigolo
Enchanté de vous faire rire
Toujours pêcheur au fil de l'eau

En mémoire vous garderez
Papy dans ses gags empêtré
Toujours rêveur dans ses délires

IV

Tout est prévu le clown viendra
Il jouera tous les personnages
Qui nous mettent dans de beaux draps
Tous les héros vrais de vos âges

Il parlera du fleuve Dra
Que j'avais franchi à la nage
Puis il fera comme il voudra
Quand il faudra tourner la page

Les heures marqueront mon corps
Interminables obsédantes
Et changeront votre décor

N'oubliez jamais ces instants
Prégnants amusants consistants
Qui font une vie trépidante

Février-mars 2015